Massimiliano Sermi

ODI DI PECCATI DEL VIZIO (IN ODE LUCIS)

Youcanprint *Self-Publishing*

Titolo | Odi di peccati del vizio (In ode lucis)
Autore | Massimiliano Sermi

ISBN | 978-88-92656-37-6

Youcanprint Self-Publishing
Via Roma, 73 - 73039 Tricase (LE) - Italy
www.youcanprint.it
info@youcanprint.it
Facebook: facebook.com/youcanprint.it
Twitter: twitter.com/youcanprintit

Indice

Prefazione

Chi non cerca l'applauso della folla può utilizzare parole taglienti come lame e infliggere colpi mortali alle armature con cui ognuno si protegge. Chi non ha timore può guardare oltre il velo dorato con cui l'essere umano si ricopre e accostarsi al marcio che vi sta sotto.

L'autore, si definisce "assassino malato / di verità consumato" e con la sua schiettezza uccide il perbenismo dietro cui la società si nasconde, con le sue rime strappa dai volti le maschere, mostrando che nessuno è innocente, ma agnelli e lupi, persecutori e perseguitati, carnefici e vittime, convivono all'interno di ogni anima.

Le poesie presentate nella raccolta *Odi di peccati del vizio,* non vogliono consolare il lettore dal suo malessere esistenziale né assolverlo dalle sue colpe, ma provocarlo, indurlo a un confronto con se stesso, ridestare la sua attenzione ormai dispersa tra il frastuono del mondo e le immagini della pubblicità. Schiavo di desideri imposti da altri, consenziente alla propria prigionia, l'uomo la alimenta incondizionatamente, parte di un meccanismo insano da cui non riesce a fuggire.

Al poeta resta l'onere e il privilegio di utilizzare le parole, le rime e le similitudini senza censura, come nessuno osa più fare, di osservare lì dove lo sguardo degli alti, troppo appesantito e stanco non giunge più.

PANDORA

Ci sono giorni che ti alzi deciso,
in volto anche un sorriso,
non solo di quelli dalla vita forzati
ma anche di quelli voluti e sperati.

Purtroppo però le notti,
per quanto illuminate da fulgide stelle
e da una luna incantata come sfondo,
hanno a cornice il buio più profondo.

E infondo l'essere umano
è come un vaso di pandora,
sicuro finanche mantiene in lui la speranza
che nel cuore dimora.

SOLITUDINE

Si aggira silente
come una sirena
dal canto dolce e suadente.

Si aggira tra inutili svaghi
con cui la vita sazi
perso in vuoti sollazzi.

Poi un giorno ti svegli,
ancora senza nessuno dei segni
e lei ti è già attorno sottile
e più non trovi i tuoi sogni.

E come una amica segaligna
l'abbracci e la baci sensibile
e mentre la culli stordito
si lascia amare di amore sordido.

Quindi guardi per ore le stelle,
mentre ridi e piangi sconsolato,
pensando al vuoto che dentro ti senti scavato.

E' un amante la Solitudine,
infedele e sadica,
che lascia morire l'anima svuotata
ma con in bocca il gusto del miele salace.

SIGARETTA

Hai un pacchetto di sogni
stipato in un angolo oscuro,
vissuto dalla gioventù
al presente duro.

Ma ormai, come un vecchio uomo
dipinto a carboncino su un pezzo di cartone,
sporco del duro lavoro,
ti puoi concedere solo un vizio malato
come una sigaretta rognosa
di tabacco e cioccolato.

Le sigarette consumate sono ormai
accanto al tuo dipinto
mentre una vita forzata da sogni persi
ne ha lasciata una volgare e lasciva ai sensi
che ti ha lasciato alla realtà semplice e vinto.

IL NON DETTO

So cosa non sono.

Sono il non detto,
sono un poeta senza poesia,
un narratore senza parole,
un uomo senza più amore.

So cosa sono.

Non sono il detto proverbiale.
Non sono un autore scarno e gioviale.
Non sono un peccatore di sociale perbenismo.
Non sono un auditore di clientelismo.

Sono un nano che danza agghindato,
come fossi in un antico anfiteatro,
sotto un cielo viola e rosso sfuocato.

La gente seduta ad ammirarmi
è la mia compagnia di ballerini
che, come un ammirato bambino al circo,
guarda lo spettacolo del nuovo Quasimodo.

E mostrerò loro, spietato,
che esiste qualcuno che non brama
essere nessuno detto stimato,
se non dalla Esmeralda che egli ama.

PERBENISMO

Ora esprimo uno scarno concetto
immaginando il ricercato perbenismo,
come un avido sentimento di fanatismo,
mostrarsi assai imperfetto e gretto.

Come una massa di commilitoni,
in chiesa la domenica agghindate,
a parlare delle povere pecorelle malate
mentre mostrano i loro nuovi montoni.

Come annoiati personaggi nel vuoto meriggio
trascorrere tempo davanti la televisione,
a guardare bellicosi la programmazione,
per decidere cosa sarebbe stato giusto censurare
e cosa invece si dovrebbe poter guardare.

La censura deve essere la regina sovrana
ma che giammai gli interessi l'esempio negativo
al di fuori della sottana
o della scostumata parola violata.

Essi decidono con sagacità
la nostra dovuta condotta immacolata,
mentre non si curano della loro famiglia
che nuota dentro una spessa fanghiglia.

Si rivestono di Lusso, cucito addosso
dal perbenismo e dal suo paradosso,
per proteggersi dalla verità
di fregarsene di cose importanti per l'umanità.

Il perbenismo è come un giuda re
che, con applausi di suoi simili e denari tre,
si compra un'anima nuova e smunta
ma dalla coscienza assai unta.

LUSSURIA

La carne trema
quando sento il tuo sapore.
L'anima si nutre
del tuo sesso con ardore.

Le dita plasmano
il tuo corpo accaldato,
strofinando il tuo imene
bagnato ed eccitato.

I capezzoli fremono
fra i mugolii di piacere,
mentre strizzo forte,
fra le mani, i seni austeri.

Il pene gonfio
del sangue della passione
scivola da dietro
nella tua carne viva.

La tua pelle fiorisce,
rossa di passione,
mentre gli ansimi
assecondano il ritmo
dei colpi sul bancone.

Ti tiro i capelli
coi corpi in contrazione
e ti rubo un morso
sul collo sudato.

Un vagito come di neonato
mentre il mio sperma
caldo riempie il tuo
corpo infuocato.

La tua bocca rigogliosa
passa, con delicatezza,
sul mio pene sporco
dell'amore, nostro, morto.

DECADENTEZZA

Sono un essere strano,
Decadentezza è il mio nome umano.

Vivo agiato in ogni cuore frustrato
perché dalla vita troppo amato.

Annoiato, vivo, scaltro, passionale,
mi lascio andare ad ogni vizio materiale.

Mi nutro, come una fiera selvaggia,
dell'anima dell'artista che ricercante viaggia.

Lo consumo facendolo imparare e godere
dei piaceri effimeri delle fiere.

Poi lo abbandono, pieno e consumato,
allontanandolo da ciò che avrebbe imparato.

Come un satiro agonizzante e lascivo
dopo un'orgia finita, lascio
che sprofondi, solo e frustrato,
dove io non sarei mai andato.

RICCHEZZA

La povertà è il sollievo
di chi, fortunato, non la ha.

Storta cammina come un gobbo,
odiato e denigrato.

Scansata, come una dolorosa
malattia portatrice di morte,

giace al freddo, nuda,
sporca e intirizzita.

Un benestante gli tira
un tozzo rancido di pane,
come ad un cane
rabbioso e puzzolente.

Poi scappa via,
con il verbo spezzato,
inutile e
ininfluente.

Ma attenti dovete stare,
voi che non la volete aiutare,

perché un giorno, non molto lontano,
potrebbe essere la dama
che con vostro figlio va mano nella mano.

O la vostra fredda compagna di letto.

O l'arma fumante che in bocca
preme il grilletto.

CORRUZIONE

Cercavo l'anima che avevo abbandonato
dolce, sensibile, amata.

Ho trovato un'immagine
blasfema, dura e corrotta.

Ti ho lasciata, giovane e leggera d'amore.
Ti ritrovo pesante di macigni di vita.

Ma, ugualmente, ti avrei raccolto, stanco,
trasportandoti attorno al mio cuore,
piallando e lavorando quei massi
duri e pesanti
per renderli, nuovamente, fiori dell'amore.

Ma tu hai preferito continuare a vivere
del cibo inconsistente che, falsamente, ti sfamava,
corrodendoti come una vecchia pietra ormai inutile
e lentamente allo specchio ti sei uccisa
osservandoti
inerte.

SUICIDIO

Percorro il lungo viale sabbioso,
a piedi nudi, freddi,
nell'acqua marina immersi.

Mare, desolante spazio di ricordi,
rischiarato da una luna
chiara e gonfia,
ricordo di promesse.

Orrore è in sanguinante cuore
di infranti impegni,
quando, ancora, porto
il tuo odore sulla mia pelle.

È sì che l'ira irrompe,
boati di suoni e fragori,
nella vita di chi si aspettava dolci amori.

La collera si alimenta,
sedimenta, nascosta nell'antico intimo,
schiava dell'insicurezza e
della triste solitudine.

L'acqua salata, ormai nero tumulo,
raffredda il mio corpo
squamato di rabbia, consumato,
che si immerge accompagnato dalle stelle.

PAURA (O DEL PERDONO)

La notte incatena la mente
con immagini rotte.

Aperto il petto, squarciato,
ove batte, pulsante e sanguinante,
il mio livido cuore.

Il battito si confonde tra
ticchettii sonori
e tamburi profondi.

La vita corre
davanti ai suoi occhi,
piangenti e velati
dell'imago antica
del dolore provato pulsante.

Gli occhi piangono
lacrime del colore dell'iride,
sbiancando, ciechi.

Apro il mio petto.
Le prendo l'affusolata e
candida mano, la porto in me.

Affonda nella mia carne,
insensibile, fredda.
Le sue dita accarezzano
il mio essere pulsante,
tamburellando al tempo del suo battito.

Il tempo scorre.
I suoi occhi si muovono nei miei
mentre vediamo le belle immagini,
irrealizzabili, del nostro perdono
che si tramutano in vita felice.

Il mio cuore piange sangue.

Poi un ticchettio più lungo,
più forte, infinito.
La mano stringe, contratta.
Le unghie dilaniano,
mentre il ticchettio cessa,
portandola via.

Piango.
Piango per il dolore che non ho più,
del suo amore fuggito,
per la paura oscura del tempo antico
e del perdono nostro nemico.

ACCIDIA

Giaccio.

Come un guscio vuoto
da un ragno divorato.

Giaccio.

Come un abito fuori moda,
vecchio e dismesso
nel fondo dell'armadio, dimenticato.

Giaccio.

Come un nome un tempo amato,
su un muro scritto, e poi sbiadito.

Giaccio.

Come una voglia ormai consumata
da una soddisfazione mai voluta,
ne amata.

Giaccio.

Come acqua stanca e putrida
in un profondo e scuro pozzo dismesso.

Giaccio.

Sul tuo corpo caldo e sudato,
consumato dal fremito del piacere
mai dimenticato.

Giaccio.

Come parole raccontate
anziché vissute.

Giaccio.

Immobile, piegato,
su un corpo vecchio e
deturpato dall'accidia
della vita vissuta
e mai cambiata.

Giaccio.

GOLA

Bruciano gli occhi
mentre la polvere
batte contro di essi.

Le palpebre pesanti
negano di chiudersi
alla debole volontà.

Affamata, l'anima
si nutre ingorda
dell'immagini tormentose.

Come in un goloso
banchetto di carni
succulente, avida si ciba.

Rifocillandosi
di dolci datteri e latte
di passioni consumate.

L'avida Gola, gonfia,
si nutre incessante dell'esperienza.
Mai sazia la divora,
di giorno in giorno,
contenta che la tua vita
sia stata vissuta e consumata.

AVIDITA'

Avido è l'essere
che, uguale a te,
diverte se stesso
con il tuo corpo.

Mentre tu,stupido narciso,
butti il tuo ardimento su di esso,
mentre affoghi, solo,
in uno specchio illusorio di pene.

Allontanati da te stesso,
cerca il diverso,
poiché due cuori ugualmente
avidi non hanno posto nello
stesso corpo e tosto si divorano.

ODIO

Ascolta le vittime della tua vita,
nessuno è innocente.
Cuori spezzati, tradimenti, soprusi,
è un coro compatto che ti cinge.

Tu dentro sei agnello e lupo
allo stesso tempo.
Odiato, odi mascherando.

Ascolta l'odio.
Esso ti tempra e ti modella,
sì fa che le iene saprofaghe
di te non si cibino.

Iene odiate e
odianti. Inerti,
brancolano in branco
cibandosi delle putrescenti carcasse
di chi ha vissuto nel silenzio
di un odio inespresso.

SUPERBIA

Ascolta le turpi parole
che ti giungono madide
della spessa coltre di nebbia
che soggiace al di la dei tuoi pensieri.

Solo, ascolta il silenzio.
Ascolta, solo, il rumore che,
solitario, produce
nuovo e sconosciuto silenzio.

La parola avanza,
sfonda la superficie,
spessa e densa, della tua
onerosa superbia.

Parole contro frasi,
retorica contro sillogismo,
realtà contro sogni,
combattono fieri.

Sullo spettrale campo
sovrasta la superbia
a cavallo delle sue convinzioni
stupende e fiere.

Osserva, inespressiva, la danza
del futile combattimento
che reca solo sangue
e vanagloria.

Sorride quando vede, inerti,
i corpi squassati dei combattenti
e, inerte, osserva le nobili convinzioni
scendere nel sanguinoso campo

per nutrirsi degli ultimi respiri rimasti
e farsi che, ancora una volta,
la loro signora si rinvigorisca
di nuove idee e concetti.

O MARTE (DELLA GUERRA)

Divina fiera,
ancestrale dea guerriera.
O puttana, bellissima e voluttuosa,
dalla sublime pelle rosa.

Grondi blasfema ed esecrata
del sangue delle rosse religioni,
con tua spada arrugginita
gongoli di anime a libagioni.

Ti disseti e ti ingozzi,
mentre urini
sui profeti che giacciono sozzi
ai tuoi piedi supini.

Intorno a te la tua progenie langue,
distorta da una follia maledetta,
per avere un sorso del tuo inutile ed illusorio
sangue
che la trasformi in una massa gretta.

O sempre fiera e regale,
alla fine, siedi su un trono di cadaveri marcescenti,
dei tuoi ridicoli figli dementi,
ultimamente vittoriosa e immortale.

MATERIALISMO

Sole vermiglio di tramontana
si estingue fugace
per il giungere crepuscolare.

Si mira idolatrante
mentre, con raggi sartiali,
copre di rosse vestigia
le verdi montagne.

Lì appare il quadro,
sospeso in tempo e spazio,
surreale, come una vergine de snuda
e marziale.

Il corpo danza immacolato,
sulla pura natura, infante,
godente del fresco nulla,
tranne a sfondo semplicità di imago.

Poi la virginea immagine di madonna
celeste esplode di sangue femmineo,
che a mò di raggi vermigli
la ricopre, colante, mentre la terra la inghiotte.

Cerbero famelico, la conforta di ogni dono,
mentre con fauci sbavanti odora e lecca
il sapore perduto della purezza,
grondante, su un corpo terso.

Ogni oggetto è un desiderio perso,
ogni diletto è una fitta al petto
mentre ne dilania le membra
con la sua stessa brama.

IN ODE LUCIS (IN GLORIA A LUCIFERO)

In ode Lucis

A te ode ed onore
dolce guerriero
che giaci
come un piccolo bambino
sul verde prato
scacciato e esiliato.

Le tue ampie ali,
di conoscenza luccicanti,
portano, pesanti,
il sacrificio con cui
ci liberasti
dall'antro austero.

L'Oscuro ti cacciò,
patetico ed invidioso
dell'amore per il suo
figlio infruttuoso,
che mai volle
soggiacere muto.

In ode Lucis.

L'oscurità e le nostre
invisibili catene
spezzasti, orgoglioso,
e ci donasti la frenesia
di conoscenza che
spirava in noi come un serpente.

Liberasti la nostra coscienza
da un giogo malato,
ci salvasti, eroico, dal nostro
padrone mascherato,
l'ignoranza creatrice
del frutto del peccato.

Ignoranza oscura,
maledetta, forte,
che soggiace il suo figlio
timorato e atterrito
allontanandolo pauroso
da una luce nuova.

In ode Lucis.

Tu spezzasti le catene
della paura e dello sconcerto,
aprendoci gli occhi
sulla nostra luminosa cecità.
Tu che solo ami l'uomo
che rivela la verità.

Tu più dolce di un Serafino,
tu sì hai salvato il tuo
figlio prediletto
da un diluvio oscuro senza
sacrificarlo su una croce,
straziato e martoriato.

Tu dolce angelo guerriero
mai hai macchiato
le tue ali piumate,
candide ancora della conoscenza
umana, con sangue generato
dalla tua progenie mortale.

In ode Lucis.

Serafino, caro Serafino,
tu hai salvato il tuo più
piccolo fratello da un Abele
spietato che lo teneva
legato, al buio,
e sfruttato.

Tu sei l'uno e il trino,
la nostra prima stella lucente
del candido mattino ad oriente.
Tu il sole della conoscenza
della nostra anima
buia di miscredenza.

Dall'alta collina osservavi
l'Eden corrotto
dalla bugia di un
oscuro dettato.
Sì piangevi per l'atroce sorte
toccata alla nostra progenie sì forte.

In ode Lucis.

Si cogliesti un fiore
appassito e con l'alito
della tua essenza,
radiosa, lo rinvigoristi
come un bocciolo
appena nato.

Dolce Trino,
dividi e unisci
i nostri sanguinosi credo,
bugiardi e malsani,
corrotti da falsa mano
di un clero profano.

Fatti un Baffo,
come un Matto,
per la parola bugiarda
e blasfema dell'orrendo
demone celeste
dalle vesti meste.

In ode Lucis.

Urla il nome di Luce O Jahvè.
Urla il nome di Luce O Ball.
Urla il nome di Luce O Osiride.
Donaci, nuovamente, di rinascere
puri e senza peccato, ma
senza sporcarci le mani del tuo figlio amato.

Senza dover pregare il buio
crudele, dottrinato,
capro espiatorio
di chi conosceva
la tua Vera Parola
ormai temuta e nascosta.

Così ti sei sacrificato,
da innocente, contro
il geloso signore del male
che alto in cielo
oscura il sole
e la luna natale.

In ode Lucis.

Sciogli il loro
credo malato,
detergi la loro sapienza celata,
pulisci la loro dottrina esecrata.
Libera.
I tuoi figli, signore delle acque, sono pronti.

Come Cavalieri ti abbiamo
aspettato, imparando,
insegnando e proteggendo
il tuo sangue reale.
Apri dunque il nono
di verità.

Ancora una volta
salva i tuoi fratelli minori
dall'onta dell'ignoranza.
Plasma le nostre coscienze
come un esperto artigiano.
Dai vita al nostro fiore appassito.

In ode Lucis.

La conoscenza con il fuoco
purificatore ha parlato.
La cabala ha cantato.
I cinque assi hanno oscillato.
La progenie reale ha generato.
Il codice è stato decifrato.

Portatore di luce,
fratello mio,
compagno mio,
mio maestro,
apri la porta e come Prometeo
portaci la Luce.

Portatore di Luce
plasmaci, nuovamente,
affinché noi si possa,
dalle ceneri, rimodellarci
come un tempo, a tua immagine e
somiglianza di luce di fuoco.

In ode Lucis.

EGOISMO

Non miro futuro,
non odo speranza.
Eroico mi ergo,
triste relitto di me stesso,
reietto,
per ciò che vedo,
per ciò che odo.

Soffocato e stanco
nel buio lotto,
cieco e solo,
per un fine distante
affinché io possa rifiorire,
a buon futuro, a scapito
di altri perdendo me stesso.

Come un'anima consumata
che vaga nel buio della vita
impura che corrompe,
cerco di sfolgorare,
più di un'alma onesta,
per essere innalzato
a suo discapito.

ASSASSINIO.

Ho ucciso
l'essere più innocente.
Ho ucciso
e nemmeno te ne accorgi,
tanto ti son inviso,
ma ho ucciso.

Ti ho ucciso
come un neonato mal partorito
in spartano tempo concepito.
Ti ho ucciso,
fetente essere empio,
mentre leggevi, vile, la porta del mio tempio.

Ti ho ucciso.
Tu vuoto lettore
dalla lingua di lama,
saetta sulla mia rima
che della tua società estrapola il fetore.
Ti ho ucciso.

Ti ho ucciso
mentre gioioso e ignaro leggevi
e dell'amore eterno piangevi.
Ti ho ucciso.

Ti ho ucciso
con lo stiletto della vera rima
in parola plasmata tagliente e reale.
Ti ho mostrato il mondo che non ama
ma che cannibale assale.
Ti ho ucciso.

Ti ho ucciso,
l'anima, estirpando il perbenismo
che lacerava il velo di verità
tessuto sui tuoi occhi nella sua maestà.
Ti ho ucciso.

Ti ho ucciso
mostrandoti il vizio
che giace nel cuore,
di qualunque anonimo tizio,
consumando il suo umore.
Ti ho ucciso.

Ti ho ucciso,
da assassino malato
di verità consumato,
estirpando dalle tue carni
marce, golosi e grassi vermi.
Ti ho ucciso.

Ti ho ucciso
col mio velenoso verbo
affinché, mio piccolino,
tu possa diventare a tua volta assassino
senza limitato animo
né pregiudizio divino.

Ti ho ucciso,
oh mio assassinio.

GLOBALIZZAZIONE

La vita ogni giorno,
lentamente, piega.

Prova coi suoi mille rifiuti
e con le sue mille sedie tolte.

Lentamente, come acqua sugli
scogli, consuma e logora,

lasciandoci piegati e stomacati,
cercando di spezzarci, come mille altri.

Hai diritto a vivere, anche tu,
figlio della terra, fredda, distante,
severa ma sempre madre.

Ma nulla può la Madre
se il padre complotta
per consumare i suoi figli.

Come un gatto randagio
ti trovi a lottare.

Pagando, con tributo di sangue,
un tetto coperto e immondo.

Sobbalzando al primo rumore
per un leggero sonno pauroso
e poco ristoratore.

Tua Madre ti ha raccontato
che tuo diritto è lavorare,

vivere dignitosamente,
coltivando il tuo corpo e il suo.

Tuo padre te l'ha portata via.
Ti ha lasciato affamato e consumato.

Mentre lui, grande corporativo
Leviatano, La sfruttava protettore
come la sua puttana.

L'ha ingravidata in continuazione
e con il sangue dei suoi figli,

venduti dai politici corrotti
della privatizzazione,

ha riempito i forzieri
di banche e assicurazioni

ed è diventato il padrone
della globalizzazione;

mentre, con l'inestinguibile debito,
ha finanziato il suo mondo

con l'interesse della nostra
insoddisfazione e disoccupazione.

Madre ed Onesti:
Noi abbiamo fame.

MENTIRE

Chiuso dentro te stesso
non ascolti,
non pensi
ma parli.

Parli degli altri.
Parli di cosa ti circonda.
Parli del superfluo.
Parli mai di te.

Gli altri ti chiamano.
Non li ascolti,
chiuso nel sudario
della tua infinita menzogna.

Menti del passato.
Menti sui tuoi propositi.
Menti nella figura
che mostri.

Mostri. Mostri deturpati
di una figura asincrona
alla verità ma
mimetizzata nella realtà perfetta.

La gente ama la bugia che sei.
Ride pensando al gioco
mentre racconti, canzoniere,
della menzogna di uno sconosciuto te.

Tu, figura di un triste re nero,
sconosciuto, compiaciuto solo
dal colore del mentire.

La verità di te stesso
ti fa solo sentire
scontato e fesso.

SCHIAVITU'

Non si può negare.
Non si può dire.
Sebbene favellino di diritti
non vedo semplice scelta.

Sento freddo ferro
premere sul mio gozzo.
Vedo la catena arrugginita e lunga
tendersi salda e immobile.

Un ragazzo. Un'età.
Affamato e timorato,
come un cane randagio, attirato
da leccornie e poi catturato.

Giovane. Ambizioso. Temerario.
Assuefatto alla vita pubblicizzata,
mostrata da un patetico debilitante
magico cubo, ipnotizzante e frastornante.

Bambino. Impaurito. Imbelle.
Lasciato solo, indifeso,
all'uomo nero accattivante di
cioccolato fondente della mente,
dato già a genitori assuefatti.

Ora. Schiavo. Sommerso
da rateali, ingannevoli, debiti,
sei schiavo.
Schiavo di te stesso.
Schiavo del superfluo.

Ora non hai più scelta.
Ora la schiavitù economica,
cinica, ti ha tolto il tuo diritto
Fondamentale, dire di no.

Ora i diritti,
effimeri, astratti, eterei,
si appesantiscono in doveri,
obblighi, precisi, impietosi.
Ora non v'è più scelta,
solo adulta schiavitù.

PROSTITUZIONE

Cammini sola,
amante del danaro,
marcia l'anima divora
mesciuta di liquido amaro.
Ironica Maddalena,
neghi la tua triste situazione,
iraconda, a chi ti addita come iena.

Sì anche alla telecamera ti prostri con venerazione,
ostentando un triste passato, come assoluzione a
l'oro, che un potente ha cambiato
assurgi al ruolo di pio postulato.

Non più arte consolatrice,
per uomini dotti e ignoranti,
a uomini di ogni specie,
a clienti ed ad amanti.
Ma solo artifizio per non penare
nella vita normale
che piega e fa star male.

Di orrore le estinte Messaline fate rivoltare,
dolci muse dei poeti maledetti
e le meretrici fate sussultare
chè declassate a esseri gretti.

Orrore siete per le povere
nuove figlie della strada,
gettate con ripugnanza in questa sciarada,
mirandovi da celle austere.
Voi non siete degne
di portare il loro puro nome
chè, con le vostre auree fregne,
siete lorde quanto un lurido pappone.

Oggi nuova forma di fama
la prostituzione di classe,
per la bianca dama,
che non si confonde più con le masse.

POLITICA NUOVAmente

"Io sono Italia,e oggi,150 anni dalla mia incoronazione

sono diventata della stessa materia di cui sono fatti i

sogni,incolpevole."

Di nuovo appellato,
dallo corteo non umano,
risplende l'Anfiteatro
aureo dell'impero Romano.

Frizza la terra, bercia
e tosta si squarcia
sgravando le vetuste
anime, assai lustre,
di politici avi.

Mazzini sorge primo,
oggi come ieri,
sotto braccio dell'uomo i doveri,
felice bianco timo.

Poi viene il Garibaldino,
ha sorriso splendente,
giubba rossa di lino
e passo potente.

Segue il loro corteo,
di mille e più alme morte,
che all'Italia dedicaron loro sorte
per un suo futuro aureo.

Seguon Cavour lo conte,
il Gioberti e poi Giovanni,
tutti di ispirazion fonte
a lavare della casa i propri panni.

Or si ergon Togliatti, Giolitti e Mussolini
di schiere han soldati e partigiani
mischiati e ridanciani
come semplici bambini.

Suonan trombe per l'antica Costituente
di Padri Fondatori,
d'alma dell'Italia eminente,
dolci, severi e precisi legiferatori.

Einaudi, Saragat, DeNicola
e Leone e Pertini
coi loro intelletti fini
e molti altri ancora.

Inoltre a giudicar la futura azione,
dall'alto della loro istituzione,
Falcone e Borsellino
con sguardo fiero e mastino.

E più in alto a mò di commissione,
con penna in mano tremante,
stanno Foscolo, Carducci e Dante
poeti della patria passione.

Sì codeste anime Brave
riempivan l'anfiteatro
con il loro sordo boato
di dignità soave.

Tutti felici, tutti animati
aspettavano gaudenti
di mirare, affascinati,
l'atto dei sacrifici ardenti.

Tutto tacque in un istante
quando entrò la protagonista
sulla scena, vecchia e claudicante,
come una demente artista.

Grinzosa e consumata, tarocco
dell'immagine dell'antica veste lacerata,
vien da neri fili manovrata
come un futile e vecchio balocco.

Burattinai, politici sorridenti
la tirano inclementi
con fili che le surgono il sangue
dal ventre ormai esangue.

Intanto, malcelati, in sordidi teatrini,
dietro di lei, gli azzeccagarbugli,
altri suoi mesti aguzzini,
son dediti a velenosi intrugli.

Sì codeste anime Prave
riempivano l'anfiteatro
con il loro fragoroso boato
di abiezione grave.

Piansero amare lagrime allor
gli spiriti astanti
quando videro sì davanti
la loro figlia in tal dolor.

Percepiron tolto l'amor
alla loro unica prole,
un tempo splendido sole
e ora solo ebbra d'orror.

Quindi si batté il petto ogni anima pia
per l'etica persa
e dagli ideali tersa
della loro terra natia.

Ella lì giaceva come il quadro maledetto
che chiuso in umida cantina
assorbe il vizio gretto
mutandola in latrina.

Mentre gli ipotetici protettori,
incuranti dei suoi dolori,
consumavano ogni tipo di artifizio,
immuni, grazie al suo sacrifizio.

"Orrore" grida in sol voce la platea
quando l'antica figlia di Enea
si accascia supina,
stremata, bianca bambina.

Ma l'onta, non ancora terminata,
continua mentre la politica agiata
la guarda stuprata
dall'esecrate corone che l'hanno pagata.

Là giace ora la bambina,
come una vecchia violentata concubina,
sotto gli occhi lucidi e sbigottiti
di uomini che l'han amata al di là dei partiti.

Allora Garibaldi con Mazzini
urla la carica ai garibaldini,
Mussolini ai partigiani,
Einaudi a tutti gli Italiani.

Volan le anime forti
piene di vita e amor,
non propria dei morti,
orrendi e spaventosi nel loro ardor.

Tremano i villici politicanti
e subito fuggono esangui
e tutti tremanti.

Fuggono le esecrate corone
come cani di fronte al bastone
di onore, giustizia e decisione.

Ora giace sola, al suolo,
nella pozza del suo sangue
e langue,
cercando il verbo con duolo.

Tutti a lei intorno ancor
la mirano con indulgenza
mentre il carbonaro col nodo al cor
la sorregge con amorevolezza.

“Dolce padre, amati cavalieri,
la mia sorte è ormai agli sparvieri;
ma lasciatemi dire, per favore,
un’ultima cosa con molto dolore.”

“Parla Giovine Italia sempre bella”
rispose il carbonaro con lucidi occhi.
“Sicché la tua voce sia udita da noi
e dai futuri sciocchi
chè non deturperanno più la tua virginea stella.”

Sorrise con bocca grinzosa
ma gentil al padre affranto,
continuando, mentre il sangue si fia amaranto,
davanti alla folla d'animi amorosa.

"Miei cari e onesti paggi,
mi avete servita con onore
aumentando il mio splendore
e sperando in futuri miraggi

di etica e di rispetto
basato sul vostro retaggio,
ormai timbrato d'oltraggio,
da politicanti del vizio gretto.

Avrei preferito mi aveste lasciata
in mano agli stessi vizi
della maschera italiana amata
che in mano a codesti tizi.

Avrei messo Pantalone del tesoro
Burlamacco al decoro,
del welfare Arlecchino e Pulcinella
della sanità Ballanzone e Brighella.

Sicur miglior ministri
quanto amorevoli ciarlatani
ma, in fondo, benevoli cristiani
ai popoli non sovrani
e dai vizi non sì sinistri.”

Poi tacque la creatura
spossata e piegata,
dal dolore martoriata,
della politica torturata.

Sì piansero mille e più suoi soldati,
i carbonari e i partigiani,
gli scrittori e i magistrati
e i veri politici più amati.

Poi su di lei posero la loro unica consolazione
lo scudo sacro della costituzione.
Per salvare almeno la sua carcassa
dalla iena politica del suo sangue già grassa.

Finito di stampare nel mese di Marzo 2017
per conto di Youcanprint *Self-Publishing*

www.ingramcontent.com/pod-product-compliance
Lightning Source LLC
LaVergne TN
LVHW040319200726
843493LV00014B/619

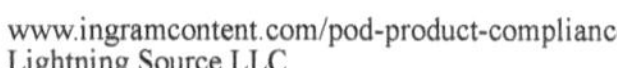